eun trouble ou empéchement. Voulons qu'à la copie des Présentes qui sera imprimée tout au long au commencement ou a la fin desdites Comedies soit soit ajoutée comme à l'original. Commandons au premier notre Huissier ou sergent sur ce requis de faire pour l'exécution d'icelles tous actes requis & nécessaires, sans demander d'autre permission, & nonobstant clameur de haro, charte Normande, & Lettres à ce contraire; CAR tel est notre plaisir. Donné à Versailles le vingt-troisiéme jour du mois de Décembre, l'an de grace mil sept cens quarante-six, & de notre Regne le trente-deuxiéme. Par le Roi en son Conseil.

Signé SAINSON·

Registré sur le Registre de la Communauté Royale & Syndicale des Libraires & Imprimeurs de Paris, No. Fol. conformément aux anciens Reglemens confirmés par celui du 28 Février 1743. A Paris le Janvier 1747.

signé G. CAVELIER, *sere, Syndic.*

LE
TRIOMPHE
DE PLUTUS,

COMEDIE.

Repreſentée pour la premiere fois par les
Comédiens Italiens Ordinaires du
Roi le 22. Avril 1728.

A PARIS,

Chez PRAULT, pere, Quay de Geſvres,
au Paradis.

M. DCC. XXXIX.
Avec Approbation & Privilege du Roy.

LE
TRIOMPHE
DE PLUTUS,
COMEDIE.

A

ACTEURS.

APPOLLON , ſous le nom d'Ergaſte.

PLUTUS , ſous le nom de Richard.

ARMIDAS , Oncle d'Aminte.

AMINTE , Maîtreſſe d'Apollon & de Plutus.

ARLEQUIN , Valet d'Ergaſte.

SPINETTE , Suivante d'Aminte.

UN MUSICIEN , & ſa ſuite.

La Scéne eſt dans la Maiſon d'Armidas.

LE
TRIOMPHE
DE PLUTUS,
COMEDIE.

❦❦❦❦❦❦❦❦❦❦❦❦❦❦❦❦❦❦❦❦❦

SCENE PREMIERE.

PLUTUS *seul.*

J'APPERÇOIS Apollon, il est descendu dans ces lieux pour y faire sa cour à sa nouvelle Maîtresse. Je m'avisai l'autre jour de lui dire que je voulois en avoir une ; Monsieur le blondin me railla fort, il me défia d'en être aimé, me traita comme un imbecille, & je viens ici exprès pour souffler la sienne. Il ne se doute de rien, nous allons voir beau jeu. Cet Aigrefin de Dieu qui veut tenir contre Plutus? contre le Dieu des Trefors. Chut ?... le voilà; ne faifons femblant de rien.

⁂⁂⁂⁂⁂⁂⁂⁂⁂⁂⁂⁂⁂

SCENE II.

PLUTUS, APOLLON.

APOLLON.

QUe vois-je! Je crois que c'eſt Plutus déguiſé en Financier. Venez donc que je vous embraſſe.

PLUTUS.

Bon jour , bon jour Seigneur Apollon.

APOLLON.

Peut-on vous demander ce que vous venez faire ici ?

PLUTUS.

J'y viens faire l'amour à une fille.

APOLLON.

C'eſt-à-dire, pour parler d'une façon plus convenable, que vous y ayez une inclination?

PLUTUS.

Une fille ou un inclination, n'eſt-ce pas la même choſe ?

APOLLON.

Aparamment que la petite contestation que nous avons eu l'autre jour vous a piqué ; vous n'en voulez pas avoir le démenti, c'est fort bien fait. Eh, dites-moi, votre Maîtresse est-elle aimable ?

PLUTUS.

C'est un morceau à croquer ; je l'ai vûë l'autre jour en traversant les airs, & je veux lui en dire deux mots.

APOLLON.

Ecoutez, Seigneur Plutus, si elle a l'esprit délicat, je ne ne vous conseille pas de vous servir avec elle d'expressions si massives ; *un morceau à croquer, lui en dire deux mots,* ce stile de Doüanier la rebuteroit.

PLUTUS.

Bon, bon, vous voilà toujours avec votre esprit pindarisé ; je parle net & clair, & outre cela mes ducats ont un stile qui vaut bien celui de l'Académie. Entendez-vous ?

APOLLON.

Ah ! je ne songeois pas à vos ducats ; ce sont effectivement de grands Orateurs.

PLUTUS.

Et qui épargnent bien des fleurs de Réthorique.

APOLLON.

Je connois pourtant des femmes qu'ils ne persuaderont pas, & je viens, comme vous,

voir ici une jolie personne auprès de qui je
soupçonne que je ne ferois rien si je n'avois
pas cette ressource ; votre Maîtresse sera
peut-être de même.

PLUTUS.

Qu'elle soit comme elle voudra , je ne
m'embarrasse point ; avec de l'argent j'ai tout
ce qu'il me faut ; mais qu'est-ce que votre
Maîtresse à vous ? Est-elle veuve , fille , &
cetera ?

APOLLON.

C'est une fille.

PLUTUS.

La mienne aussi.

APOLLON.

La mienne est sous la direction d'un oncle qui cherche à la marier ; elle est assez
riche , & il lui veut un bon parti.

PLUTUS.

Oh , oh , c'est-là l'Histoire de ma petite
Brune , elle est aussi chez un oncle qui s'appelle Armidas.

APOLLON.

C'est cela même. Nous aimons donc en
même lieu , Seigneur Plutus ?

PLUTUS.

Ma foi j'en suis fâché pour vous.

APOLLON.

Ah , ah , ah.

PLUTUS.

Vous riez, Monfieur le faifeur de Madri-
gaux, déguifé en Muget ; vous vous mo-
quez de moi à caufe de votre bel efprit & de
vos cheveux blonds.

APOLLON.

Franchement vous n'êtes pas fait pour me
difputer un cœur.

PLUTUS.

Parce que je fuis fait pour l'emporter
d'emblée.

APOLLON.

Nous verrons, nous verrons ; j'ai une petite chofe à vous dire : c'eft que votre Belle,
je la connois, je lui ai déja parlé, & fans
vanité elle eft dans d'affez bonnes difpofi-
tions pour nous.

PLUTUS.

Qu'eft-ce que cela me fait à moi, j'ai un
écrain plein de bijoux qui fe moque de
toutes ces difpofitions-là ; laiffez-moi faire.

APOLLON.

Je ne vous crains point, mon cher Rival ; mais vous fçavez que voici où loge la
belle, j'en vois fortir fa femme de chambre,
je vais l'aborder ; je ne me fuis déguifé que
pour cela. Vous pouvez ici refter fi vous voulez, & lui parler à votre tour : vous voyez
bien que je fuis de bonne compofition quand
je ne vois point de danger.

A iiij

PLUTUS.

Bon , je le veux bien , abordez , j'irai mon train ; & vous le vôtre.

* * *

SCENE III.

SPINETTE, PLUTUS, APOLLON.

APOLLON.

BOn jour , ma chere Spinette , comment se porte ta Maîtreſſe ?

SPINETTE.

Je ſuis charmée de vous voir de retour ; Monſieur Ergaſte ; pendant votre abſence je vous ai rendu anprés de ma Maîtreſſe tous les petits ſervices qui dépendoient de moi.

APOLLON.

Je n'en ferai point ingrat , & je t'en té-moignerai ma reconnoiſſance.

SPINETTE.

J'ai crû que vous diſiez que vous alliez me la témoigner.

PLUTUS.

Eh , donnez-lui quelque Madrigal.

APOLLON.

Tu ne perdras rien pour attendre , Spi-nette , je ſuis né généreux.

SPINETTE.

Vous me l'avez toujours dit : mais , Monſieur , eſt-ce que vous allez voir Mademoiſelle Aminte avec Monſieur que voilà ?

APOLLON.

C'eſt un de mes amis qui m'a ſuivi , & dont je veux donner la connoiſſance à Armidas , l'oncle d'Aminte.

PLUTUS.

Oui , on m'a dit que c'étoit un ſi honnête homme , & j'aime tous les honnêtes gens , moi.

SPINETTE.

C'eſt fort bien fait , Monſieur. (*à Apollon.*) Votre amis a l'air bien épais.

APOLLON.

Cela paſſe l'air ; mais je te quitte , Spinette , mon impatience ne me permet pas de differer davantage d'entrer. Venez , Monſieur.

PLUTUS.

Allez toujours m'annoncer ; je ſerois bien aiſe de cauſer un moment avec ce joli enfant-ci , vous viendrez me reprendre.

APOLLON.

Soit , vous êtes le Maître.

SCENE IV.

SPINETTE, PLUTUS.

SPINETTE.

PEut-on vous demander, Monſieur, ce que vous me voulez?

PLUTUS.

Je ne te veux que du bien.

SPINETTE.

Tout le monde m'en veut, mais perſonne ne m'en fait.

PLUTUS.

Oh! ce n'eſt pas de même, je ne m'appelle pas Ergaſte moi, j'ai nom Richard, & je ſuis bien nommé; en voilà la preuve. (*Il lui donne une bourſe.*)

SPINETTE.

Ah! que cette preuve-là eſt claire! Elle eſt d'une force qui m'étourdit.

PLUTUS.

Prens, prens; ſi ce n'eſt pas aſſez d'une preuve, je ne ſuis pas en peine d'en donner deux, & même trois.

SPINETTE.

Vous êtes bien le Maître de prouver tant qu'il vous plaira; & s'il ne s'agit que de douter du fait , je douterai de reste.

PLUTUS.

Voilà pour le doute qui te prend. (*Il lui donne une bague.*)

SPINETTE.

Monsieur , munissez-vous encore pour le doute qui me prendra.

PLUTUS.

Tu n'as qu'à parler ; mais c'est à condition que tu seras de mes amies.

SPINETTE *à part.*

Quel homme est-ce donc que cela ? (*haut*) Monsieur, vous demandez à être de mes amis, comment l'entendez - vous ? Est-ce amourette que vous voulez dire ? La proposition ne seroit point de mon goût, & je suis fille d'honneur.

PLUTUS.

Oh ! garde ton honneur, ce n'est pas-là ma fantaisie.

SPINETTE.

Ah ! .... Votre fantaisie seroit un assez bon goût. Mais qu'exigez-vous donc ?

PLUTUS.

C'est que j'aime ta Maîtresse ; je suis un riche, un richissime Négociant à qui l'or & l'argent ne coutent rien , & je voudrois bien n'aimer pas tout seul.

SPINETTE.

Effectivement, ce seroit dommage , &

vous méritez bien compagnie : mais la chose
est un peu difficile, voyez - vous, ma Maîtresse a aussi un honneur à garder.

PLUTUS.

Mais cela n'empêche pas qu'on ne s'aime.

SPINETTE.

Cela est vrai, quand c'est dans de bonnes
vûës ; mais les vôtres n'ont pas l'air d'être
bien régulieres. Si vous demandiez à vous en
faire aimer pour l'épouser, riche comme vous
êtes, & de la meilleure pâte d'homme qu'il
y ait, à ce qu'il me paroît, je ne doute pas
que vous ne vinssiez à bout de votre projet,
avec mes soins, à condition que les preuves
iront leur chemin quand j'en aurai besoin.

PLUTUS.

Tant que tu voudras.

SPINETTE *à part.*

Oh ! quel homme ! (*haut*) Oh ça, est-ce
que vous voudriez épouser ma Maîtresse ?

PLUTUS.

Oui-dà, je ferai tout ce qu'on voudra ;
moi.

SPINETTE.

Fort bien, je vous sers de bon cœur à ce
prix là : mais Monsieur Ergaste votre ami
avec qui vous êtes venu, est amoureux d'A-
minte, & je crois même qu'il ne lui déplaît
pas ; il parle de mariage aussi, il est d'une
figure assez aimable, beaucoup d'esprit, &
il faudra lutter contre tout cela.

PLUTUS.

Et moi je suis riche, cela vaut mieux que
tout ce qu'il a; car je t'avertis qu'il n'a pour
tout vaillant que sa figure.

SPINETTE.

Je le crois comme vous; car il ne m'a jamais rien prouvé que le talent qu'il a de pro-
mettre. Armidas a pourtant de l'amitié pour
lui, mais Armidas est intéressé, & vos ri-
chesses pourront l'éblouir. Ergaste au reste
se dit un Gentilhomme à son aise, & sous ce
titre, il fait son chemin tant qu'il peut dans
le cœur de ma Maîtresse, qui est un peu
précieuse, & qui l'écoute à cause de son esprit.

PLUTUS.

Aime-t-elle la dépense, ta Maîtresse?

SPINETTE,

Beaucoup.

PLUTUS.

Nous la tenons, Spinette, ne t'embarrasse pas; vante-moi seulement auprès d'elle,
je lui donnerai tout ce qu'elle voudra, elle
n'aura qu'à souhaiter; d'ailleurs je ne me
trouve pas si mal fait, moi, on peut passer
avec mon air; & pour mon visage, il y en a
de pires; j'ai l'humeur franche & sans façon. Dis-lui tout cela; dis-lui encore que
mon or & mon argent sont toujours beaux:
cela ne prend point de rides; un loüis d'or

de quatre-vingt ans eſt tout auſſi beau qu'un louis d'or d'un jour , & cela eſt conſidérable d'être toujours jeune du côté du coffre fort.

SPINETTE.

Malpeſte , la belle riante jeuneſſe ! Allez, allez , je ferai votre cour. Tenez , moi , d'abord , en vous voyant , je vous trouvois la phiſionomie aſſez commune , & l'eſprit à l'avenant; mais depuis que je vous connois vous êtes tout un autre homme ; vous me paroiſſez preſqu'aimable , & dès demain je vous trouverai charmant , du moins il ne tiendra qu'à vous.

PLUTUS.

Oh j'aurai des charmes , je t'en aſſûre; je te ferai ta fortune , mais une fortune qui ſera bien nourrie, tu verras , tu verras.

SPINETTE.

Mais ſi cela continue , vous allez devenir un Narciſſe.

PLUTUS.

Quelqu'un vient à nous, qui eſt-ce?

SPINETTE.

Ah ! c'eſt Arlequin , valet de Monſieur Ergaſte.

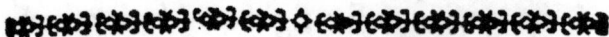

SCENE V.

ARLEQUIN, SPINETTE, PLUTUS.

ARLEQUIN.

BOn jour, Spinette, comment te porte-tu?
Je suis bien aise de te revoir. Mon Maître est-il arrivé?

SPINETTE.

Oui, il est au logis.

PLUTUS.

Bon jour mon garçon.

ARLEQUIN.

Que le Ciel vous le rende. Voilà un galant homme qui me salue sans me connoître.

SPINETTE.

Oh! le plus galant homme qu'on puisse
trouver, je t'en assûre.

PLUTUS.

Eh bien, mon fils, tu sers donc Ergaste?

ARLEQUIN.

Hélas! oni, Monsieur, je le sers par amitié, faut dire, car ce n'est pas pour ma fortune.

PLUTUS.

Est-ce que tu n'es pas grassement chez
lui?

ARLEQUIN.

Non , je suis auſſi maigre qu'il étoit quand il m'a pris.

PLUTUS.

Et tes gages ſont-ils bons ?

ARLEQUIN.

Bons ou mauvais , je ne les ai pas encore vûs. Cependant tous les jours je demande à en avoir un petit échantillon : mais à vous parler franchement , je crois que mon Maî- tre n'a ni l'échantillon ni la piéce.

SPINETTE.

Je ſuis de ſon avis.

PLUTUS.

As-tu beſoin d'argent ?

ARLEQUIN.

Oh , beſoin , depuis que je ſuis au monde je n'ai que ce beſoin-là.

PLUTUS.

Tu me touches, tu as la phiſionomie d'un bon enfant : Tiens , voilà de quoi boire à ma ſanté.

ARLEQUIN.

Mais, Monſieur , cela me confond ; ſuis- je bien réveillé ? Dix louis d'or pour boire à votre ſanté ! Spinette, fait-il jour ? N'eſt-ce pas un rêve ?

SPINETTE.

Non , Monſieur m'a déja fait rêver de même.

ARLEQUIN.

ARLEQUIN.

Voilà un rêve qui me menera réellement au Cabaret.

PLUTUS.

Je veux que tu sois de mes amis aussi.

ARLEQUIN.

Pardi quand vous ne le voudriez pas, je ne sçaurois m'en empêcher.

PLUTUS.

J'aime la Maîtresse d'Ergaste.

ARLEQUIN.

Mademoiselle Aminte ?

PLUTUS.

Oui, Spinette m'a promis de me servir auprès d'elle, & je serai bien aise que tu en sois de moitié.

ARLEQUIN.

Ne vous embarrassez pas.

PLUTUS.

Si Ergaste ne te paye pas tes gages, je te les payerai, moi.

ARLEQUIN.

Vous pouvez en toute sureté m'en avancer le premier quartier, aussi bien y a-t-il long temps qu'il me l'a promis.

SPINETTE

Tu n'es pas honteux, à ce que je vois.

ARLEQUIN.

Ce seroit bien dommage, Monsieur est si bon.

B

PLUTUS.

Tiens , je ne compte pas avec toi , je te
paye à mon taux.

ARLEQUIN.

Et moi je ne regarde pas après vous , je
suis sûr d'avoir mon compte. Que voilà un
honnête Gentilhomme ! Oh , Monsieur, vos
manieres sont inimitables !

SPINETTE.

Doucement, voici l'oncle de Mademoiselle Aminte qui va nous aborder. Monsieur,
faites-lui votre compliment.

SCENE VI.

ARMIDAS, PLUTUS, SPINETTE,
ARLEQUIN.

ARMIDAS.

AH! te voilà , Arlequin, est-ce que ton
Maître est arrivé ?

ARLEQUIN.

On dit que oui , Monsieur ; car je ne fais
que d'arriver moi-même. Je m'étois arrêté
dans un Village pour m'y rafraîchir ; &
comme il fait extrêmement chaud, vous
me permettrez d'en aller faire autant dans
l'Office

ARMIDAS.

Tu es le Maître.

PLUTUS.

Monſieur, Spinette m'a dit que vous vous appellez Monſieur Armidas.

ARMIDAS.

Oui, Monſieur ; que vous plaît-il de moi ?

PLUTUS.

C'eſt que ſi mon amitié pouvoit vous accommoder, la vôtre me conviendroit on ne peut pas mieux.

ARMIDAS.

Monſieur, vous me faites bien de l'honneur ; le compliment eſt ſingulier.

PLUTUS.

J'y vais rondement, comme vous voyez : mais franchiſe vaut mieux que politeſſe, n'eſt-ce pas ?

ARMIDAS.

Monſieur, mon amitié eſt dûë à tous les honnêtes gens, & quand j'aurai l'honneur de vous connoître ....

SPINETTE.

Tenez, dans les complimens on s'embrouille, & il y a mille honnêtes gens qui n'en ſçavent point faire. Monſieur me paroît de ce nombre. Voyez de quoi il s'agit ; Monſieur eſt amis du Seigneur Ergaſte, ils viennent d'arriver enſemble, Monſieur Ergaſte eft au logis, je vous laiffe. (*Elle s'en va.*)

PLUTUS.

Et je m'amufois , en attendant, à demander de vos nouvelles à cet enfant.

ARMIDAS.

Monfieur , vous ne pouviez manquer
d'être bien venu fous les aufpices de Monfieur Ergafte , que j'eftime beaucoup. Je fuis
fâché de n'être pas venu plûtôt ; mais j'ai
été occupé d'une affaire que je voulois finir.

PLUTUS.

Ah ! pour une affaire ; voulez-vous bien
me la dire ? C'eft que j'ai des expediens pour
les affaires , moi.

ARMIDAS.

Eh bien , Monfieur , c'eft une terre que
j'ai affez éloignée d'ici, qui n'eft pas à ma
bienféance , & que je voudrois vendre. J'ai
deffein de marier ma Niéce près de moi, &
je lui donnerai en mariage le provenu de la
vente. Elle eft de vingt mille écus ; mais la
perfonne qui la marchande ne veut m'en
donner que quinze, & nous ne fçaurions nous
accommoder.

PLUTUS.

Touchez-là, Monfieur Armidas.

ARMIDAS.

Comment !

PLUTUS.

Touchez-là.

ARMIDAS.

Que voulez-vous dire ?

PLUTUS.

La terre eſt à moi, & l'argent à vous, je
vais vous la payer.

ARMIDAS.

Mais, Monſieur, j'ai peine à vous la vendre de cette maniere, vous ne l'avez pas
vûë, & vous n'aimeriez peut-être pas le
Pays où elle eſt.

PLUTUS.

Point du tout, j'aime tous les Pays, moi :
n'eſt-ce pas des arbres & des campagnes
par-tout ?

ARMIDAS.

Je vous en donnerai le plan ſi vous voulez.

PLUTUS.

Je ne m'y connois pas; il ſuffit, c'eſt une
terre : je ne l'ai point vûë, mais je vous vois ;
vous avez la phiſionomie d'un honnête homme, & votre terre vous reſſemble.

ARMIDAS.

Puiſque vous le voulez, Monſieur, j'y
conſens.

PLUTUS.

Tenez, connoiſſez-vous ce billet-là, & la
ſignature ?

ARMIDAS.

Oh , Monſieur , cela eſt excellent , je vous
ſuis entierement obligé.

PLUTUS.

Ah ça , ſi le marché ne vous plaît pas demain , je vous la revendrai , moi , & je vous
ferai crédit , afin que cela ne vous incom-
mode point.

ARMIDAS.

Vous me comblez d'honnêtetés , Monſieur , je ne ſçai comment les reconnoître.

PLUTUS.

Oh que ſi , vous les reconnoîtriez ſi vous
vouliez.

ARMIDAS

Dites-m'en les moyens.

PLUTUS.

Votre Niéce eſt bien jolie , Monſieur
Armidas.

ARMIDAS.

Eh bien , Monſieur ?

PLUTUS.

Eh bien ; troquons ; reprenez la terre
gratis , & je prends la Niéce ſur le même
pied.

ARMIDAS.

Vous l'avez donc vûë , ma Niéce , Monſieur ?

PLUTUS.

Oui , il y a quelques mois que paſſant

par ici , j'apperçus une moitié de viſage qui
me fit grand plaiſir. Je m'en ſuis toujours
reſſouvenu J'ai demandé qui c'étoit. On me
dit que c'étoit Mademoiſelle Aminte , Niéce
d'un homme de bien , nommé Monſieur
Armidas. Parbleu, dis-je en moi-même , ce
viſage-là tout entier doit être bien aimable.
Je fis deſſein de l'avoir à moi. Ergaſte , mon
ami, me dit quelques jours après qu'il venoit
ici, je l'ai ſuivi pour le ſupplanter ; car il aime
auſſi votre Niéce, & je ne m'en ſoucie guére ſi
nous ſommes d'accord ; c'eſt mon ami , mais
je n'y ſçaurois que faire , l'amour ſe moque
de l'amitié , & moi auſſi ; je ſuis trop franc
pour être ſcrupuleux.

ARMIDAS.

Il eſt vrai , Monſieur , qu'Ergaſte me paroît rechercher ma Niéce.

PLUTUS.

Bon, bon , la voilà bien lottie , la pauvre fille.

ARMIDAS.

Il ſe dit Gentilhomme aſſez accommodé,
& il parle de s'établir ici : Il eſt d'ailleurs
homme de mérite.

PLUTUS.

Homme de mérite , lui ! Il n'a pas le
ſol.

ARMIDAS.

Si cela eſt, c'eſt un grand défaut , & je

suis bien aise que vous m'avertissiez. Mais,
Monsieur, peut-on vous demander de quelle
profession vous êtes ?

PLUTUS.

Moi ? J'ai des millions de pere en fils,
voilà mon principal métier ; & par amuse-
ment je fais un gros commerce, qui me rap-
porte des sommes considérables, & tout cela pour me divertir, comme je vous dis.
Ce gain-là sera pour les menus plaisirs de
ma femme. Au reste, je prouverai sur table
au moins. Voilà ce qu'on appelle avoir du
mérite, de l'esprit & de la taille, qui ne
manquent pourtant pas ni l'un ni l'autre. Est-
ce que si vous étiez fille à marier, ma figure
romproit le marché ? On voit bien que je
fais bonne chere ; mon embonpoint fait l'é-
loge de ma table. Vraiment, si j'épouse Mademoiselle Aminte, je prétends bien que
dans six mois vous soyez plus en chair que
vous n'êtes. Voilà un menton qui triplera
sur ma parole, & puis du ventre !...

ARMIDAS.

Votre humeur me convient à merveille.

PLUTUS.

Elle est aussi commode que ma fortune.

ARMIDAS.

Et je parlerai à ma Niéce, je vous assure ;
je suis sûr qu'elle se conformera à mes vo-
lontés.

PLUTUS.

PLUTUS.

Pardi, un homme comme moi c'est un tréfor.

ARMIDAS.

La voilà qui vient ; si vous le voulez bien, après le premier compliment, vous nous laiſſerez un moment enſemble, & vous irez vous rafraîchir chez moi en attendant.

SCENE VII.

ARMIDAS, PLUTUS, AMINTE, SPINETTE.

ARMIDAS.

MA Niéce, où eſt donc le Seigneur Ergaſte ?

AMINTE.

Il s'eſt enfermé dans une chambre pour compoſer un divertiſſement qu'il veut me donner en muſique.

PLUTUS.

Oh, pour de la muſique, Mademoiſelle, il vous en apprendra tant, que vous pourrez la montrer vous-même.

AMINTE.

Ce n'eſt pas l'uſage que j'en voux faire. Mais, Monſieur n'eſt - il pas la perſonne

C

qu'Ergaste a amené avec lui ? Il reſſemble au
portrait qu'il m'en a fait.

ARMIDAS.

Oui, ma Niéce, Monſieur eſt un galant
homme, qui depuis le peu de temps que je
le connois, m'a déja donné pour lui un eſtime
toute particuliere.

PLUTUS.

Oh, point du tout, je ne ſuis qu'un bon
homme, mais j'ai de bons yeux, je me connois en beautés, & je déclare tout net que
Mademoiſelle en eſt une. Voilà mes galan-
teries, à moi, je ne ſçai point chercher mes
phraſes, Mademoiſelle : vous êtes belle
comme un aſtre, & le tout ſans compliment.

AMINTE.

La comparaiſon eſt forte quoiqu'ordinaire.

PLUTUS.

Ma foi je vous la donne comme elle m'eſt
venuë.

ARMIDAS.

Paſſons, paſſons. Ma Niéce, je vous prie
de regarder Monſieur comme mon ami, &
comme le meilleur que j'aye encore trou-
vé.

AMINTE.

Je vous obéïrai, mon cher oncle,

SPINETTE.

Allez, allez, quand Mademoiselle con-
noîtra bien Monsieur, on n'aura que faire de
lui recommander.

PLUTUS.

Oh, cela est vrai, on m'aime toujours
quand on me connoît bien. Elle n'a pas
goûté ma comparaison ; une autre fois je l'at-
traperai mieux. Il ne tient qu'à moi, par
exemple, de vous comparer à Venus ; aimez-
vous mieux celle - là ? Vous n'avez qu'à
choisir. Je ne serois pas pourtant bien aise
que vous lui ressemblassiez tout-à-fait, la
bonne Dame a un mari dont je ne voudrois
pas être la copie.

ARMIDAS.

Monsieur, ma Niéce...

PLUTUS.

Ce que j'en dis n'est que pour plaisanter.
Mais à propos, Ergaste fait des vers à votre
louange, & moi il faut bien aussi que je vous
imagine quelque chose ; je vous quitte pour
y rêver. Notre oncle, je me recommande à
vous, allez droit en besogne.

SCENE VIII.

ARMIDAS, SPINETTE, AMINTE.

AMINTE.

VOudriez-vous bien, Monfieur, me dire pourquoi cet homme-là vous plaît tant ; ce qui a pû vous le rendre fi eftimable en un quart-d'heure. Pour moi, je le trouve fi ridicule, qu'il m'en paroît original.

SPINETTE.

Pour original, vous avez raifon, je ne crois pas même qu'il ait de copie.

ARMIDAS.

Ma Niéce, cet homme que vous trouvez fi ridicule, encore une fois, je ne puis l'eftimer affez.

SPINETTE.

Faut-il vous dire tout? Il vous a déja vûë en paffant par ici, il vous aime ; il n'eft revenu que pour vous revoir. Sçavez vous bien par où il a débuté avec moi afin de m'intéreffer à fon amour? Tenez, que dites-vous de cette bague-là ?

AMINTE.

Comment! elle eft fort jolie. D'où cela ce vient-il ?

ARMIDAS.

Gageons qu'il te l'a donnée ?

SPINETTE.

De la meilleure grace du monde.

AMINTE.

Sur ce pied-là je l'avoue, on ne sçauroit lui disputer le titre d'homme généreux & magnifique.

ARMIDAS.

Sçais-tu bien, ma Niéce, que Monsieur Richard fait un commerce étonnant qui lui procure des biens immenses : devine à quoi il destine ce gain ?

AMINTE.

Quoi ! à bâtir ?

ARMIDAS.

A tes menus plaisirs.

AMINTE.

Il faut tomber d'accord que vous me contez-là des especes de fables.

ARMIDAS.

Tu ne sçais pas ; j'ai vendu cette terre dont je destinois l'argent pour te marier.

AMINTE.

Est-ce que vous ne le voulez plus, mon cher oncle ?

ARMIDAS.

Bon, il est bien question de cela. C'est Monsieur Richard qui a acheté la terre sans l'avoir vûë, sur ma parole, au prix que je de-

mandois, fans héfiter. Tenez, m'a-t-il dit ;
vous voilà payé. En effet, voici des billets
que jen ai reçûs.

A M I N T E.

Ah ! quel dommage qu'un homme d'une
fi brillante fortune foit fi ruftique !

A R M I D A S.

Lui, ruftique !

S P I N E T T E.

Monfieur Richard ruftique !

A M I N T E.

Ah ! vous conviendrez qu'il n'a pas d'efprit, & qu'il eft d'une figure épaiffe.

S P I N E T T E.

C'eft une épaiffeur qui ne vient que d'embonpoint.

A R M I D A S.

Allons, allons, Ergafte difparoît au prix
de cela, fans compter qu'il a le caractere un
peu gafcon.

A M I N T E.

Mais, mon oncle, le Rival que vous lui
fubftituez eft bien groffier : cela m'arrête ;
car je me pique de quelque délicateffe.

S P I N E T T E.

Et mort de ma vie, groffier ! Et moi je
vous dis qu'il a autant d'efprit qu'un autre,
mais qu'il ne veut s'en fervir qu'à fa com-
modité.

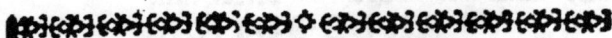

SCENE IX.

ARMIDAS, SPINETTE, AMINTE, ARLEQUIN.

ARMIDAS.

QUe nous veux-tu, Arlequin ?

ARLEQUIN.

Je venois, ne vous en déplaise, Monsieur, m'acquitter d'une petite commission auprès de Mademoiselle Aminte.

AMINTE.

Eh bien, de quoi s'agit-il ?

ARLEQUIN.

Oh mais je n'oserois parler à cause de Monsieur ; cependant comme je suis hardi de mon naturel, si vous me laissez faire, j'aurai bientôt dit.

ARMIDAS.

Parle ; voilà qui est bien misterieux.

ARLEQUIN.

C'est que j'ai des louis d'or dans ma poche à qui j'ai promis de vous recommander Monsieur Richard, ma belle Demoiselle.

SPINETTE.

Oh vraiment, à propos, ses liberalités se

C iiij

sont aussi étenduës sur Arlequin.

ARLEQUIN.

Il m'a fait l'honneur de me demander ma protection auprès de vous, & ma foi il l'a bien payée ce qu'elle vaut.

ARMIDAS.

Cela est étonnant.

ARLEQUIN.

C'est lui qui m'a payé les gages que Monsieur Ergaste me doit, cela est bien honnête.

SPINETTE.

J'étois témoin de tout ce qu'il vous dit-là.

ARLEQUIN.

Je l'épouse aussi, moi, cela est résolu.

ARMIDAS.

Qu'appelles-tu, tu l'épouses?

ARLEQUIN.

Oui, je me donne à lui; il m'a déja fait les présens de nôce.

ARMIDAS.

Ma Niéce, il ne faut point que cet homme-là vous échape.

ARLEQUIN.

Il vous aime comme un perdu; il est drôle, bouffon, gaillard, il dit toujours tiens, prends, & ne dit jamais rends; il a une face de jubilation; tenez, le voilà lui-même, voyez-le plûtôt. Mais il m'a donné une commission, j'y vais.

SCENE X.

PLUTUS, ARMIDAS, SPINETTE, AMINTE.

PLUTUS.

EH bien, sommes-nous en joye ; ma
Reine. Mais comment faites-vous donc ?
Vous êtes encore plus belle que vous n'étiez
tout-à-l'heure. Ergaste vous fait là-haut des
vers, chacun a sa Poësie, & voilà la mienne.

SPINETTE.

Une rime à ces vers-là seroit bien riche.

PLUTUS.

Oh, nous rimerons, nous rimerons ;
j'ai la rime dans ma poche

AMINTE.

Ah ! Monsieur, des vers, une chanson se
reçoivent, mais pour un bracelet de cette
magnificence, ce n'est pas de même.

PLUTUS.

Les vers se lisent, & cela se met au bras,
voilà toute la difference : présentez le bras,
ma Déesse.

AMINTE.

Monsieur, en verité ce seroit trop...

ARMIDAS.

Maniéce, je vous permets de l'accepter.

PLUTUS.

Voilà le premier oncle du monde ; tenez,
j'ai donné mon cœur, & quand cela eſt parti, le reſte ne coûte plus rien à déménager ;
car je vous aime, il n'y a que moi qui puiſſe
aimer comme cela ; & cela ira toujours en
augmentant. Quel plaiſir' Goûtez-en un peu,
mon adorable, je ſuis le meilleur garçon du
monde ; j'apprendrai à faire des Sornettes, des
Vaudevilles, des Couplets ; j'ai bon eſprit,
mais je n'aime pas à le gêner, il n'y a que
mon cœur que je laiſſe aller. Il va à vous,
prenez-le, ma charmante, & en attendant
placez ce petit Bracelet.

SPINETTE.

Peut-on s'expliquer de meilleur grace ?

AMINTE.

En verité je vous trouve bien preſſant.

PLUTUS.

Là, dites-moi comment vous me trouvez ?

AMINTE.

Mais, je vous trouve bien.

PLUTUS.

Tant mieux, je m'en doutois un peu :
m'aimeriez-vous auſſi ? Mon humeur vous
revient-elle ? On fait de moi ce que l'on veut.
Vous ſerez ſi heureuſe, vous aurez tant de
bon temps, que vous n'en ſçaurez que faire.
Allons, eſt-ce marché fait ? Je ſuis preſſé,

car vos yeux vont si vîte en besogne. Finissons-nous, mon oncle ? Mettons-nous à genoux devant elle ? Spinette, à notre secours !

ARMIDAS.

Rends-toi, ma Niéce ; peux-tu trouver mieux ?

SPINETTE.

Ma Maîtresse, ma chere Maîtresse, ayez pitié de l'amour de cet honnête homme.

PLUTUS.

Je vous en conjure avec cent mille écus que j'ai porté sur moi pour échantillon de ma cassette. Tenez, prenez-les, vous les examinerez vous-même.

SPINETTE.

Peut-on faire fumer un plus bel encens ?

AMINTE.

Mais vous m'accablez. (*à part*) Je veux mourir si je suis la Maîtresse de dire non. Il y a dans ses manieres je ne sçai quoi d'engageant qui vous entraîne. (*haut*) Il est plusieurs sortes de mérites, & vous avez le vôtre, Monsieur ; mais que deviendroit Ergaste ?

PLUTUS.

Eh bien, il partira, & je lui payerai son voyage.

ARMIDAS.

Le voilà qui arrive avec sa chanson.

SPINETTE.

Ce font-là fes millions à lui.

ARMIDAS.

Que Diable, avec fa mufique, on a bien affaire de cela.

SCENE XI.

PLUTUS, ARMIDAS, SPINETTE; AMINTE, APOLLON.

APOLLON.

LA, là, là. Je prélude, Madame, & voici des Acteurs pour executer la Piéce. Monfieur Armidas, vous ferez bien aife d'entendre cela ; je le crois joli, pas tout-à-fait fi amufant que la converfation de Monfieur Richard, mais n'importe.

SPINETTE.

La converfation de Monfieur Richard eft magnifique.

ARMIDAS.

Et foutenue d'un bout à l'autre.

PLUTUS.

Grand-merci, notre oncle, je la foutiendrai toujours de même ; qu'en dites-vous, ma Reine ? Etes-vous de leur avis ?

AMINTE.

Affurément.

ERGASTE.

Il vous ennuyoit, je gage, & je suis venu bien à propos.

AMINTE.

Voyons donc votre musique.

ERGASTE.

Allons, Messieurs, commencez.

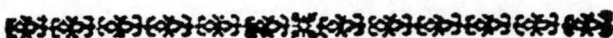

SCENE XII.

PLUTUS, ARMIDAS, SPINETTE, AMINTE, APOLLON, Chanteurs & Danseurs.

On danse.

AIR.

Dieu des Amans ne crains plus désor-
   mais
   Qu'on puisse échaper à tes armes;
Je vois dans ce séjour un objet plein de
   charmes,
Où tu pourras trouver d'inimitables traits:
   Que de triomphes & d'hommages
   Tu vas devoir à ses beaux yeux!
   On ne verra plus en ces lieux
   D'indifférens ni de volages.
      On danse.

ERGASTE.

Il semble que cela n'ait point été de votre
goût, Monsieur Armidas.

ARMIDAS.

Oh, ne prenez point garde à moi, toute
la musique m'ennuye.

SPINETTE.

Elle commençoit à m'endormir.

ERGASTE.

Et vous, Madame, vous a-t-elle déplû?

AMINTE.

Il y a quelque chose de galant, mais
l'execution m'en a paru un peu froide.

PLUTUS.

C'est que les Musiciens ont la voix en-
rouée, il faut un peu graisser ces gosiers-là.

ERGASTE.

Doucement, il n'est pas besoin que vous
payiez mes Musiciens.

UN MUSICIEN.

Comment, Monsieur, c'est un présent
que Monsieur nous fait; que vous importe?
vous ne nous en payerez pas moins, & il
ne tient qu'à vous de le faire tout-à-l'heure.

PLUTUS.

C'est bien dit, contente-les si tu peux:
J'ai aussi une fête à vous donner, moi, &
une musique qui se mesure à l'aune; j'attens
ceux qui doivent y danser.

SCENE XIII.

PLUTUS, ARMIDAS, SPINETTE, AMINTE, APOLLON, ARLEQUIN.

ARLEQUIN.

Monſieur ....

ERGASTE.

Que veux-tu ? Y a-t-il quelque choſe de nouveau ?

ARLEQUIN.

Oui, Monſieur, mais cela ne vous regarde point ; je viens dire à Monſieur Richard que les Muſiciens qu'il a mandés ſeront ici dans un moment.

ERGASTE.

Je voudrois bien ſçavoir de quoi tu te mêles ; ſont-ce-là tes affaires ?

PLUTUS.

Monſieur Armidas, vous allez entendre une drôle de muſique.

ARMIDAS.

Je la crois curieuſe.

PLUTUS.

Des ſons moëlleux, magnifiques, une harmonie qui fait danſer tout le monde ; il n'y a perſonne qui n'ait de l'oreille pour cette muſique-là.

ARMIDAS.

J'ai grande envie de l'entendre.

SPINETTE.

Je m'en meurs d'impatience.

LE MUSICIEN.

Cela n'empêchera pas, Monſieur, ſi vous voulez, que nous ne vous donnions tantôt un petit divertiſſement à votre honneur & gloire.

PLUTUS.

Ouïdà, cela ne gâtera rien, & vous vous joindrez à mes Danſeurs que je vois entrer.

ARMIDAS *après l'Entrée des quatre Portes Balles.*

Je vous avoue, Monſieur, que je n'ai point encore entendu de ſymphonie de ce gout-là.

PLUTUS.

Ce qu'il y a de commode, c'eſt que cela ſe chante à livre ouvert.

ARLEQUIN.

Voilà ma chanſon à moi, & je déloge.

PLUTUS.

Allez porter toutes ces muſiques là chez Monſieur Armidas. Hé bien, Mademoiſelle, qu'en dites-vous?

ERGASTE.

Ces airs-là ſont-ils auſſi de votre goût, Mademoiſelle?   ARMIDAS,

ARMIDAS.

Elle seroit bien difficile.

ERGASTE.

Vous ne dites rien. Ah ! je ne vois que trop ce que ce silence m'annonce ! Qui vous auroit crû de ce caractére , ingrate que vous êtes !

PLUTUS.

Ah , ah ! tu te fâches.

AMINTE.

Mais , en effet , je vous trouve admirable , d'en venir avec moi aux invectives ; qu'appellez-vous ingrate ?

ERGASTE.

Perfide, estce-là les fruits de tant de soins ? Méritez-vous tant d'amour ?

PLUTUS.

Oh que voilà qui est cromatique ; faisons une petite fugue , ma Reine , allons nous-en.

ARMIDAS.

Allons , ma niéce , c'est trop s'amuser ; suis-moi.

PLUTUS.

Et allons , separez-vous bons amis , & ne vous revoyez jamais , il n'y a rien de si beau que les bienséances : croi-moi , Ergaste , ne te fâche que dans un sonnet , ou bien pour te consoler , va composer un Opera , cela te vaudra toujours quelque chose.

D

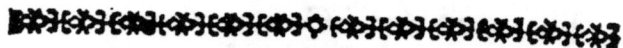

SCENE XIV.

ERGASTE, ARMIDAS.

ERGASTE.

ARrêtez. Etes-vous de moitié dans l'affront que l'on me fait ? Approuvez-vous le procedé de Mademoiſelle votre Niéce ?

ARMIDAS.

Mais.... C'eſt une fille aſſez raiſonnable, comme vous ſçavez.

ERGASTE.

Vous m'avez pourtant fait eſperer...

ARMIDAS.

Eſpérer ! Et quand cela ? Je ne me ſouviens de rien.

ERGASTE.

Q'uentends-je ! Eſt-ce-là tout ce que vous avez à me dire ?

ARMIDAS.

Tenez , vous êtes aujourd'hui de mauvaiſe humeur ; nous aurons le temps de nous revoir. Vous ne partez pas ce ſoir, à demain.

SCENE XV.

ERGASTE, SPINETTE, ARMIDAS.

SPINETTE *à Armidas.*
Monsieur, on vous attend.

ARMIDAS.
J'y vais. (*à Ergaste.*) Votre valet très-humble. (*Il s'en va.*)

ERGASTE.
Spinette, de grace un petit mot.

SPINETTE.
Je n'ai guére le temps, au moins.

ERGASTE.
Quoi, Spinette, où en sommes-nous donc? M'abandonne-tu aussi? Tu avois tant de bonté pour moi.

SPINETTE.
Bon, vous étiez bien riche ; mais je crois qu'on m'appelle, je suis votre servante.

ERGASTE.
Oh parbleu, tu me diras la raison de tout ce que je vois.

SPINETTE.
Et que voyez-vous donc de si rare ?

ERGASTE.

Que ta Maîtresse me fuit ; que tout le monde m'abandonne.

SPINETTE.

Je ne sçai pas le remede à cela.

ERGASTE.

Monsieur Richard est donc Maître du champ de bataille ?

SPINETTE.

Je ne vous entends point : Où donc est ce champ de bataille ?

ERGASTE.

Tu ne m'entends point. Ignore-tu de quel œil nous nous regardons ta Maîtresse & moi ?

SPINETTE.

Hé ! Vous me faites perdre ici mon temps ; le dîner est prêt : est-ce que vous n'en êtes point ? J'en suis bien fâchée. Adieu, Monsieur, un peu de part dans vos bonnes graces.

ARLEQUIN.

Spinette, on va servir.

SCENE XVI.

ERGASTE, ARLEQUIN.

ERGASTE.

AH! mon pauvre Arlequin, approche, je suis au défespoir.

ARLEQUIN.

Et moi, j'ai une faim canine.

ERGASTE.

Que dis-tu de ce qui fe paffe aujourd'hui à mon égard?

ARLEQUIN.

Mais je n'ai rien vû paffer de nouveau; je ne fçai ce que vous voulez dire.

ERGASTE.

Veux-tu faire auffi l'imbécille avec moi?

ARLEQUIN.

A qui en avez-vous donc? Mon Maître m'attend, dépêchez.

ERGASTE.

Ton Maître! Eh qui l'eft donc, fi ce n'eft moi?

ARLEQUIN.

Je vous ai fervi, moi!

ERGASTE.

Comment, miférable, avec qui es-tu venu ici?

ARLEQUIN.

Cela eſt vrai , nous nous tenions compagnie dans le chemin.

ERGASTE.

Quoi ! il n'y a pas juſqu'à mon valet qui me méconnoiſſe !

ARLEQUIN.

Attendez , attendez , j'ai quelque ſouvenir éloigné d'avoir autrefois ſervi un certain Monſieur.....Aidez-moi , aidez - moi , Monſieur Orga , Orga , Er , Er , Ergaſte , oui , Ergaſte.

ERGASTE.

Coquin !

ARLEQUIN.

Non , ce n'étoit pas un coquin , c'étoit un fort honnête homme qui ne payoit pas ſes gens. Oh nous avons changé tout cela, & je l'ai troqué contre un certain Monſieur Richard qui habille & paye encore mieux. Oh cela vaut mieux que Monſieur Ergaſte. Adieu , Monſieur. Si vous le voyez , dites-lui que je me recommande à lui. Le pauvre homme.

ERGASTE.

L'Inſolent !

SCENE XVII.

ERGASTE, UN MUSICIEN, SPINETTE.

LE MUSICIEN.

LE Seigneur Richard n'est-il pas dans la maison, Monsieur ?

ERGASTE.

Ah ! Monsieur, je suis bien aise de vous trouver. Je vous avois ordonné une Fête pour ce soir, mais il ne s'agit plus de cela ; ainsi, je vous dégage.

LE MUSICIEN.

Oh, Monsieur, nous ne songions pas seulement à vous, nous avons autre chose en tête. C'est Monsieur Richard qui nous employe, & que nous cherchons.

ERGASTE.

Il ne manquoit plus que ce trait pour achever ma défaite, & me voilà pleinement convaincu que l'or est l'unique divinité à qui les hommes sacrifient.

(*On frappe.*)

SPINETTE.

Qui est là ?

LE MUSICIEN.

C'est pour le divertissement que Monsieur Richard nous a demandé.

SPINETTE.

Je m'en vais faire descendre la compagnie.

ERGASTE.

Puisque les voilà tous qui se rendent ici, arrêtons un moment pour leur faire voir la honte de leur choix.

SCENE XVIII & dern.

APOLLON, PLUTUS, ARMIDAS, AMINTE, ARLEQUIN, SPINETTE, UN MUSICIEN.

APOLLON.

Plutus, vous l'emportez sur Apollon; mais je ne suis point jaloux de votre triomphe. Il n'est point honteux pour le Dieu du mérite d'être au-dessous du Dieu des vices dans le cœur des hommes.

PLUTUS.

Hé, hé, hé, que le voilà beau garçon avec son mérite.

ARMIDAS.

ARMIDAS.

Que signifie ce que nous venons d'entendre ?

PLUTUS.

Cela signifie qu'Ergaste est Appollon, & moi Plutus, qui lui a escroqué sa Maîtresse. Ne vous allarmez pas, je vous laisse les présens que je vous ai faits. Vous vous passerez bien de moi avec cela, n'est-ce pas ? Adieu la compagnie, vous êtes de bonnes gens ; vous m'avez fait gagner la gageure, & je vais bien faire rire l'Olimpe de cette avanture. Allons, divertissez-vous, les Musiciens sont payés, la Fête est prête, qu'on l'execute.

DIVERTISSEMENT.

AIR.

Dieu des Tresors, quelle est ta gloire ?
Tout l'Univers encense tes Autels.
Les attraits, sur tes pas, font valoir la victoire,
Et tu fais, à ton gré, le destin des mortels.
Que le Dieu de la guerre
Soit prêt à lancer son tonnerre ;
Il s'arrête à ta voix :
Et si l'amour régne encore sur la terre,
Il doit, à ton secours, sa gloire & ses exploits. (*On danse.*) E

VAUDEVILLE.

LE CHANTEUR.

N'Attendez pas qu'ici l'on vous révére,
Si Plutus n'est votre Dieu tutélaire.
Sans son pouvoir
Tout le sçavoir
Que l'on fait voir
Ne peut valoir.
Rien ne répond à notre espoir,
Le temps n'y peut rien faire.
Mais quand on tient ce métal salutaire,
Tout ce qu'on dit
Charme & ravit,
Chacun nous rit,
Tout réussit.
Veut-on Charge, honneur ou crédit,
Un jour en fait l'affaire.

APOLLON.

Dans ce séjour on met tout à l'enchere,
Rien ne se fait sans la part du salaire.
Valets, Portiers,
Clercs & Greffiers,
Commis, Fermiers,
Sont sans quartiers,
On a beau gémir & crier,
Le temps n'y peut rien faire.
Mais si l'on joint l'argent à la priere,

Le plus rétif,
Le plus tardif
Devient actif,
Expéditif,
Tout est vif, exact, attentif;
Un jour finit l'affaire.

LE CHANTEUR.

Loin de ces lieux une tendre Bergere
S'en tient au choix que son cœur lui suggere;
Fut-ce un Midas,
Pour les ducats,
S'il ne plaît pas,
Il perd ses pas;
De tous ses biens on ne fait cas,
Le temps n'y peut rien faire.
De nos beautés la maxime est contraire;
Fut-ce un Palot,
Un Idiot,
Un maître sot,
Un ostrogot,
S'il est pourvû d'un bon magot,
Un jour finit l'affaire.

AMINTE.

Loin de ces lieux une riche héritiere
N'est point l'objet qu'un amant considere :
Sagesse, honneur,
Vertu, douceur,
Sont de son cœur
L'attrait vainqueur;
Ses feux ont toujours même ardeur,

Le temps n'y peut rien faire.
De nos Amans la maxime est contraire,
Bons revenus,
Contrats, écus,
Sur les vertus
Ont le dessus,
De tels nœuds sont bientôt rompus,
Un jour en fait l'affaire.

LE CHANTEUR.

Sans dépenser c'est envain qu'on espere
De s'avancer au Pays de Cythere.
Mari jaloux,
Femme en courroux,
Fermant sur nous
Grille & verroux,
Le chien nous poursuit comme loups,
Le temps n'y peut rien faire.
Mais si Plutus entre dans le mistére,
Grille & ressort
S'ouvrent d'abord,
Le chien s'endort,
Le mari sort,
Femme & Soubrette sont d'accord,
Un jour finir l'affaire.

ARLEQUIN.

Lorsqu'un Auteur, instruit dans l'art de plaire,
Trouve des traits ignorés du vulgaire,
On l'applaudit,
On le chérit;
Grand & petit

En font récit,
Le temps n'y peut rien faire
Si l'on ne fuit qu'une route ordinaire,
Le Spectateur,
Fin connoiſſeur
Contre l'Auteur
Eſt en rumeur,
La Piéce meurt malgré l'Acteur:
Un jour en fait l'affaire.

F I N.

PRIVILEGE DU ROY.

LOUIS, par la grace de Dieu, Roy de France & de Navarre : A nos amez & féaux Conseillers les Gens tenans nos Cours de Parlement, Maîtres des Requêtes ordinaires de nôtre Hôtel, Grand Conseil, Prevôt de Paris, Baillifs, Sénéchaux, leurs Lieutenans Civils & autres nos Justiciers qu'il appartiendra, SALUT. Notre bien amé PIERRE PRAULT, Libraire-Imprimeur de nos Fermes & Droits à Paris, Nous ayant fait remontrer qu'il souhaiteroit faire imprimer ou imprimer & donner au Public, la Bibliotheque de Campagne, ou Recueil d'Aventures choisies, Nouvelles, Histoires, Contes, Bons mots, & autres Pieces, tant en Prose qu'en Vers, pour servir de récréation à l'esprit, en six volumes : Le Livre des Enfans & le Glaneur François, s'il Nous plaisoit lui accorder nos Lettres de Privilege sur ce nécessaires; offrant pour cet effet de le faire imprimer ou imprimer en bon papier & beaux caracteres, suivant la feüille imprimée & attachée pour modele sous le contre-scel des Présentes; A CES CAUSES, voulant traiter favorablement ledit Exposant, Nous lui avons permis & permettons par ces Présentes, de faire imprimer ou imprimer lesdits Livres ci-dessus specifiés, en un ou plusieurs volumes, conjointement ou séparément, & autant de fois que bon lui semblera, sur papier & caracteres conformes à ladite feüille imprimée & attachée sous notredit contre-scel, & de les vendre, faire vendre & débiter par tout notre Royaume, pendant le tems de six années consecutives, à compter du jour de la datte desdites Présentes; faisons défenses à toutes personnes de telle qualité & condition qu'elles soient, d'en introduire d'impression étrangere dans aucun lieu de notre obéïssance; comme aussi à tous Libraires, Imprimeurs & autres, d'imprimer, faire imprimer, vendre, faire vendre, débiter ni contrefaire lesdits Livres ci-dessus exposés en tout nien partie, ni d'en faire aucuns Extraits, sous quelque prétexte que ce soit, d'augmentation, changement de titre, même en feuilles séparées, ni d'impression étrangere ou autrement, sans la permission expresse & par écrit dudit Exposant, ou de ceux qui auront droit de lui, à peine de confiscation des Exemplaires contrefaits, de six mille livres d'amende contre chacun des contrevenans, dont un tiers à Nous, un tiers à l'Hôtel-Dieu de Paris, l'autre tiers audit Exposant, & de tous dépens, dommages & interêts; à la charge que ces Présentes seront enregistrées tout au long sur le Registre de la Communauté des Libraires & Imprimeurs de Paris, dans trois mois de la datte d'icelles; Que l'impression de ces Livres sera faite dans notre Royaume, & non ailleurs, & que l'Impetrant se conformera en tout aux Reglemens de la Librairie, & notamment à celui du 10 Avril 1725. & qu'avant de l'exposer en vente, les Manuscrits ou imprimés qui auront servi de copie à l'impression desdits Livres, seront remis dans le même état où l'Approbation y aura été donnée, ès mains de notre très-cher & feal Chevalier Garde des Sceaux de France le Sieur Chauvelin, & qu'il en sera ensuite remis deux Exemplaires dans notre Bibliotheque publique, un dans celle de notre Château du Louvre, & un dans celle de notre très-cher & feal Chevalier Garde des Sceaux de France le Sieur Chauvelin: le tout à peine de nullité des Présentes: Du contenu desquelles vous mandons & enjoignons de faire joüir l'Exposant ou ses ayans cause, pleinement & paisiblement, sans souffrir qu'il leur soit fait aucun trouble ou empêchement. Voulons que la copie desdites Présentes, qui sera imprimée tout au long au commencement ou à la fin desdits Livres, soit tenuë pour dûement signifiée, & qu'aux copies collationnées par l'un de nos amez & feaux Conseillers-Secretaires, foi soit ajoûtée comme à l'Original: Commandons au premier notre Huissier ou Sergent de faire pour l'execution d'icelles tous Actes requis & necessaires, sans demander autres permissions, & nonobstant clameur de Haro, Chartre Normande, & Lettres à ce contraires; Car tel est notre plaisir. Donné à Versailles le seizième jour du mois de Mars l'an de grace mil sept cent trente-six. & de notre Regne le vingt-unième. Par le Roy en son Conseil. Signé, SAINSON.

Registré sur le Registre IX. de la Chambre Royale des Libraires & Imprimeurs de Paris, No. 264. Fol. 241. conformément aux anciens Reglemens confirmés par celui du 28. Fevrier 1728. A Paris, le 24 Mars 1736.

Signé, G. MARTIN, Syndic.

LE TRIOMPHE

DE

L'AMOUR,

COMEDIE.

A PARIS,

Chez PRAULT père, Quay de Gêvres,
au Paradis.

M. DCC. LIV.

Avec Approbation & Privilége du Roy.

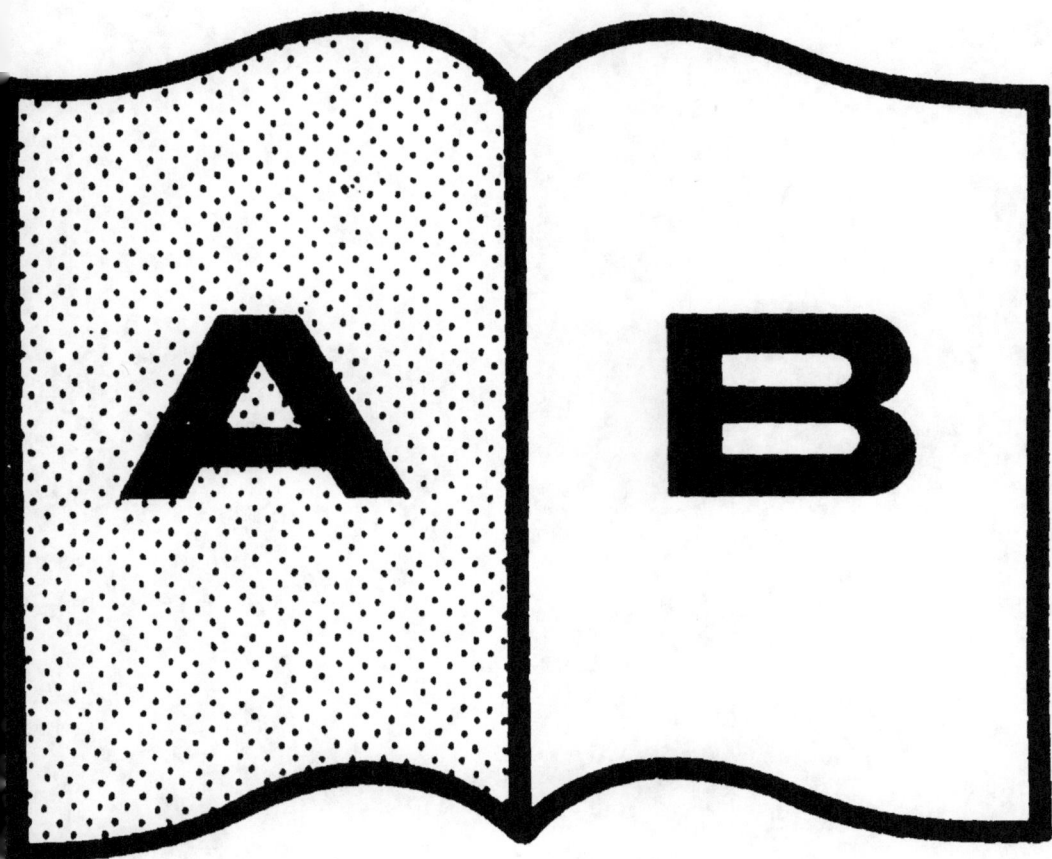

Contraste insuffisant

NF Z 43-120-14

www.ingramcontent.com/pod-product-compliance
Lightning Source LLC
La Vergne TN
LVHW022151080426
835511LV00008B/1354